Liebe Frau V[illegible],

zu Ihrem 70. Geburtstag
darf ich Ihnen herzlich
gratulieren. Ich verbinde
mit meinen Segenswün-
schen aufrichtigen
Dank für Ihre vielfältige
und verantwortungsbewußte
Mitarbeit in unserer
Pfarrgemeinde St. Brigitta.
Bleiben Sie weiterhin so
tapfer wie in den zurück-
liegenden Jahren,

Ihr Willi Braun, Pf.

8. 2. 2002 Lasbach

Und die Blumen des Sommers, die schön im Winde läuten

Texte und Bilder
Mit Fotografien von
Martina Hochheimer

Insel Verlag

Insel-Bücherei Nr. 1219

Textnachweise am Schluß des Bandes

Schrift: Stempel Garamond
Druck: MZ-Verlagsdruckerei, Memmingen
Printed in Germany
ISBN 3-458-19219-0
Erste Auflage 2001

1 2 3 4 5 6 - 06 05 04 03 02 01

Reich ist an Blumen die Flur, doch einige sind nur dem Auge,
Andre dem Herzen nur schön, wähle dir, Leser, nun selbst.

Johann Wolfgang Goethe

GOTTFRIED BENN

Anemone
Erschütterer –: Anemone,
die Erde ist kalt, ist nichts,
da murmelt deine Krone
ein Wort des Glaubens, des Lichts.

Der Erde ohne Güte,
der nur die Macht gerät,
ward deine leise Blüte
so schweigend hingesät.

Erschütterer –: Anemone,
du trägst den Glauben, das Licht,
den einst der Sommer als Krone
aus großen Blüten flicht.

Joseph von Eichendorff

Klang um Klang

1.

Es ist ein Klang gekommen
Herüber durch die Luft,
Der Wind hat's gebracht und genommen,
Ich weiß nicht, wer mich ruft.
Es schallt der Grund von Hufen,
In der Ferne fiel ein Schuß –
Das sind die Jäger, die rufen,
Daß ich hinunter muß!

2.

Das sind nicht die Jäger – im Grunde
Gehn Stimmen hin und her.
Hüt dich zu dieser Stunde,
Mein Herz ist mir so schwer!
Wer dich liebhat, macht die Runde,
Steig nieder und frag nicht, wer!
Ich führ' dich aus diesem Grunde –
Dann siehst du mich nimmermehr.

3.

Ich weiß einen großen Garten,
Wo die wilden Blumen stehn,
Die Engel frühmorgens sein warten,
Wenn alles noch still auf den Höh'n.
Manch zackiges Schloß steht darinne,
Die Rehe grasen um's Haus,
Da sieht man weit von der Zinne,
Weit über die Länder hinaus.

Hermann Hesse

Der Duft der Rose

nimmt dich in einen süßen Bann,
rührt dich liebkosend leise
wie eine Liederweise
mit Ahnung voller Schönheit an,
ist ohne Gleichnis rein und zart:
du kannst es nicht ermessen,
fühlst nur ein süß Vergessen
und eine süße Gegenwart.

Rainer Maria Rilke

Das Rosen-Innere

Wo ist zu diesem Innen
ein Außen? Auf welches Weh
legt man solches Linnen?
Welche Himmel spiegeln sich drinnen
in dem Binnensee
dieser offenen Rosen,
dieser sorglosen, sieh:
wie sie lose im Losen
liegen, als könnte nie
eine zitternde Hand sie verschütten.
Sie können sich selber kaum
halten; viele ließen
sich überfüllen und fließen
über von Innenraum
in die Tage, die immer
voller und voller sich schließen,
bis der ganze Sommer ein Zimmer
wird, ein Zimmer in einem Traum.

Peter Huchel

Der glückliche Garten

Einst waren wir alle im glücklichen Garten,
ich weiß nicht mehr, vor welchem Haus,
wo wir die kindliche Stimme sparten
für Gras und Amsel, Kamille und Strauß.

Da saßen wir abends auf einer Schwelle,
ich weiß nicht mehr, vor welchem Tor,
und sahn wie im Mond die mondweißen Felle
der Katzen und Hunde traten hervor.

Wir riefen sie alle damals beim Namen,
ich weiß nicht mehr, wie ich sie rief.
Und wenn dann die Mägde uns holen kamen,
umfing uns das Tuch, in dem man gleich schlief.

Rainer Maria Rilke

Siehe die Blumen, diese dem Irdischen treuen,
denen wir Schicksal vom Rande des Schicksals leihn, –
aber wer weiß es! Wenn sie ihr Welken bereuen,
ist es an uns, ihre Reue zu sein.

Alles will schweben. Da gehn wir umher wie Beschwerer,
legen auf alles uns selbst, vom Gewichte entzückt;
o was sind wir den Dingen für zehrende Lehrer,
weil ihnen ewige Kindheit glückt.

Nähme sie einer ins innige Schlafen und schliefe
tief mit den Dingen –: o wie käme er leicht,
anders zum anderen Tag, aus der gemeinsamen Tiefe.

Oder er bliebe vielleicht; und sie blühten und priesen
ihn, den Bekehrten, der nun den Ihrigen gleicht,
allen den stillen Geschwistern im Winde der Wiesen.

FRIEDRICH HÖLDERLIN

Der Sommer

Wenn dann vorbei des Frühlings Blüte schwindet,
So ist der Sommer da, der um das Jahr sich windet.
Und wie der Bach das Tal hinuntergleitet,
So ist der Berge Pracht darum verbreitet.
Daß sich das Feld mit Pracht am meisten zeiget,
Ist, wie der Tag, der sich zum Abend neiget;
Wie so das Jahr verweilt, so sind des Sommers Stunden
Und Bilder der Natur dem Menschen oft verschwunden.

Bertolt Brecht

Der Blumengarten

Am See, tief zwischen Tann und Silberpappel
Beschirmt von Mauer und Gesträuch ein Garten
So weise angelegt mit monatlichen Blumen
Daß er vom März bis zum Oktober blüht.

Hier, in der Früh, nicht allzu häufig, sitz ich
Und wünsche mir, auch ich mög allezeit
In den verschiedenen Wettern, guten, schlechten
Dies oder jenes Angenehme zeigen.

Hans Carossa

Gartentag

Von unsern Zitterpappeln fliegt noch immer
Der Samenflaum, das Gras ist wie verschneit.
Ein Rittersporn versendet seinen Schimmer,
Als käme eine Frau in blauem Kleid.

Am Brunnenrand begegnen sich die Schatten.
Das erste Dunkel nistet im Geheg.
Noch fehlt uns viel: komm, fügen wir die Platten
Von hellem Schiefer in den neuen Weg,

Der bei den Fliederbüschen dort im Bogen
Zum Gitter führt! Bald werden wir ihn gehn
Und über flimmernden Getreidewogen
Das ferne Kuppelgrün der Stromstadt sehn.

O langer Gartentag! Duftender Abend,
Halbfertiges Beet, noch ohne Form und Flor –
Wie wohl wird uns! Die schwere Erde grabend
Bereiten wir den Traum der Jahre vor.

Heinrich Heine

Ich lieb eine Blume, doch weiß ich nicht welche;
Das macht mir Schmerz.
Ich schau in alle Blumenkelche,
Und such ein Herz.

Es duften die Blumen im Abendscheine,
Die Nachtigall schlägt.
Ich such ein Herz, so schön wie das meine,
So schön bewegt.

Die Nachtigall schlägt, und ich verstehe
Den süßen Gesang;
Uns beiden ist so bang und wehe,
So weh und bang.

Gertrud Kolmar

Garten im Sommer

Gar nichts anderes wars; kein Vogel, kein Falter flog.
Nur ein gilbendes Blatt zitterte in den umsponnenen
Weiher, ich sah es.
Komm.
Ach, dies tauig hauchende Gras, wie es zärtlich meine
fiebrigen Zehen kühlt!
Bück dich ein wenig:
Haselnüsse, die wohl der große plündernde Buntspecht
hierher verstreut hat.
Aber noch sind sie nicht reif.
Nein, ich bin nicht genäschig noch hungrig.
Später werden wir unter die Obstbäume gehn und auf dem
Rasen schöne rotflammige Äpfel suchen
Oder die runden, saftigen goldgrünen Pflaumen schütteln.
Ja, willst du?
Weißt du noch: all die Pfauenaugen, so viele, die an den
abgefallnen, verrotteten Früchten sogen und taumelten?
Und auch ein Trauermantel wehte, finsterer Sammet,
gülden umsäumt, blau beperlt …
O die Rose! Sie duftet … Gestern noch wollte sie Knospe
bleiben;
Nun schloß Nacht sie auf, daß sie blühe, die scheue,
errötende, und sie scheint glücklich …
Du Geliebter, im Traum der Hummeln und Bienen muß
solch unberührt schwebender alabasterner Becher glühn.
Du fragst mich, ob Bienen und Hummeln träumen?
Sicher träumen sie, wenn sie in jener rahmweißen Schwertel
schlummern, kindlich von süßer, schaumiger Bienenmilch.
Aber Steinhummeln sind die schönsten, summend in
warmen schwarz und fuchsigen Pelzen …

Was blickst du auf einmal seltsam mich an und lächelst?
War ich bleich schimmernd in Mitternächten dir
berauschender Kelch?
Dir Milch, dir Wein, goldbrauner Malaga, rubinenes
Kirschenwasser?
Schweig. Ich lege die atmende Hand auf deine Lippen …

Morgenwind. Leise schauernde Halme. Feuchte.
Und ein winziger reglos hockender Frosch, der aus grüner
Bronze geformt ist.
Und eine Seejungfer, stahlblau mit gläsernen Flügeln,
Sirrt dahin. Mich fröstelt …
Weiden wie badende Fraun neigen die Stirnen, fahlblond rie-
selndes Haar dem Teich.

Sprich, bedeutet ein Schneckenhorn Gutes dem, der es
aufhebt?
Wenn du zweifelst, schenk ichs der Flut.
Wie sie sich kräuselt, sich bauscht … seiden … und blinkt
doch Kälte.
Hier auf dem einzig offnen, besonnten Fleckchen im
Röhricht, Lieber, laß noch ein wenig uns sitzen
Und hinüberschaun nach den Fenstern, unseren Fenstern,
die Waldrebe und dumpferer Efeu umkriechen.
Wie mir dies kleine umschattete, weltversunkene Schloß ge-
fällt!
Auch das Mauergeschnörkel, auch die geschwärzte
Vergoldung, die bröckelnden Putten, die müden
Blumengewinde,
Auch das Moos, das an den zersprungenen griechischen
Vasen hängt,
Auch am Tor die mächtige Linde und ihre Ringeltaube,
die wieder mit dunkelndem Rucksen ruft,
Und das kunstvoll geschmiedete Gitter …

Gehst du jetzt … soll ich schon folgen? Führ mich; ich friere … ich fürchte …
Bis zu den Mummeln, dem gelben Leuchten, möchte ich schwimmen.
Sieh, der Flausch deiner Brust wuchert algenhaft, und ich weiß: der Wassermann bist du,
Und ich weiß: unzählige Schätze, Seesilber, Schlämmgold, häufst du tief in verborgenen Kammern unter dem Wasser, der Erde.
Wirst du jetzt meine Hände nehmen, mit mir zum Grunde tauchen, zur Pforte, die ein schwerer, schnauzbärtiger Wels bewacht?
Soll ich nie Schwester noch Bruder mehr sehn, nicht den alten Vater mehr, den ich liebe?
Du, ich bebe …
Wenn ich empfinge: mein Kind trüge Schwimmhäute zwischen Fingern und Zehn, trüge Muscheln und Wasserlinsen seltsam in immer triefenden Haaren.
Kehr ans Ufer … Spötter!
Flüsterst du scherzend, ich müßte dir Zwillingsknaben, Kastor und Polydeukes, gebären, weil ihrer königlichen Mutter Name mich schmückt?
Glauben denn wir, daß im Schwan ein Göttliches irdischem Weibe zu nahn vermag? Die liebliche Fabel? –
Ich verstumme … ich log …
Meine kosenden Hände ducken Gefieder, tasten weicheren Flaum, und weiße, zitternd gebreitete Fittiche schlagen über mich hin …

Oskar Loerke

Die Laubwolke

Beständig ist das leicht Verletzliche.

Lange hing die grüne Wolke über der Erde,
Wohin ging sie?

Im neuen Frühling schwebt sie wieder an
Und erfüllt ihren Ort
Zwischen Grund und Höhe.
Vom Winde gesteuert,
Vom Regen gedrängt,
Vom Licht gehoben,
Kehrt sie immer zurück
Und bleibt so viele Jahre.

Jedesmal in den herbstlichen Lichtern
Klagts aus ihr: ich sinke, warum ich?
Und lauter mit dem Sinn von Dichtern:
Es stürzt mich, ja, warum nicht mich?

Wird es dann Winter –
Im Himmel kriecht gekrümmtes Gestäbe,
Den einmal gewachsenen Abstand nicht ändernd,
Eins des andern vielleicht nicht gewahr,
Doch beisammen in gleicher Spreizung.

Zwischen Grund und Höhe,
Von der Säge des Gärtners unzerrissen,
Von der Axt des Fällers nicht getroffen,
Bleibt das Gesetz:
Beständig ist das leicht Verletzliche.

GEORG TRAKL

Der Schatten

Da ich heut morgen im Garten saß –
Die Bäume standen in blauer Blüh,
Voll Drosselruf und Tirili –
Sah ich meinen Schatten im Gras,

Gewaltig verzerrt, ein wunderlich Tier,
Das lag wie ein böser Traum vor mir.

Und ich ging und zitterte sehr,
Indes ein Brunnen ins Blaue sang
Und purpurn eine Knospe sprang
Und das Tier ging nebenher.

Was reif in diesen Zeilen steht,
Was lächelnd winkt und sinnend fleht,
Das soll kein Kind betrüben,
Die Einfalt hat es ausgesäet,
Die Schwermut hat hindurchgeweht,
Die Sehnsucht hat's getrieben;
Und ist das Feld einst abgemäht,
Die Armut durch die Stoppeln geht,
Sucht Ähren, die geblieben,
Sucht Lieb', die für sie untergeht,
Sucht Lieb', die mit ihr aufersteht,
Sucht Lieb', die sie kann lieben,
Und hat sie einsam und verschmäht
Die Nacht durch dankend in Gebet
Die Körner ausgerieben,
Liest sie, als früh der Hahn gekräht,
Was Lieb' erhielt, was Leid verweht,
Ans Feldkreuz angeschrieben,
O Stern und Blume, Geist und Kleid,
Lieb', Leid und Zeit und Ewigkeit!

Conrad Ferdinand Meyer

Morgenlied

Mit edeln Purpurröten
Und hellem Amselschlag,
Mit Rosen und mit Flöten
Stolziert der junge Tag.
Der Wanderschritt des Lebens
Ist noch ein leichter Tanz,
Ich gehe wie im Reigen
Mit einem frischen Kranz.

Ihr taubenetzten Kränze
Der neuen Morgenkraft,
Geworfen aus den Lüften
Und spielend aufgerafft –
Wohl manchen ließ ich welken
Noch vor der Mittagsglut
Zerrissen hab ich manchen
Aus reinem Übermut!

Mit edeln Pupurröten
Und hellerm Amselschlag,
Mit Rosen und mit Flöten
Stolziert der junge Tag –
Hinweg du dunkle Klage,
Aus all dem Licht und Glanz!
Den Schmerz verlorner Tage
Bedeckt ein frischer Kranz.

Georg Heym

Der Garten

Der Mund ist feucht. Und wie bei Fischen breit
Und leuchtet rot in dem toten Garten.
Sein Fuß ist glatt und über den Wegen breit.
Winde gehen hervor aus dem faltigen Kleid.

Er umarmet den Gott, der dünn wie aus Silber
Unter ihm knickt. Und im Rücken die Finger
Legt er ihm schwarz wie haarige Krallen.
Quere Feuer, die aus den Augen fallen.

Schatten gehen und Lichter, manchmal ein Mond.
Ein Gesause der Blätter. Aus warmer Nacht
Trübes Tropfen. Und unten rufen die Hörner
Wandelnder Wächter über der gelben Stadt.

FRIEDRICH HÖLDERLIN

Der Sommer

Die Tage gehn vorbei mit sanfter Lüfte Rauschen,
Wenn mit der Wolke sie der Felder Pracht vertauschen,
Des Tales Ende trifft der Berge Dämmerungen,
Dort, wo des Stromes Wellen sich hinabgeschlungen.

Der Wälder Schatten sind umhergebreitet,
Wo auch der Bach entfernt hinuntergleitet,
Und sichtbar ist der Ferne Bild in Stunden,
Wenn sich der Mensch zu diesem Sinn gefunden.

Joseph von Eichendorff

Aussicht

Komm zum Garten denn, Du Holde!
In den warmen, schönen Tagen
Sollst Du Blumenkränze tragen,
Und vom kühl krystall'nen Golde
Mit den frischen, roten Lippen,
Eh' ich trinke, lächelnd nippen.
Ohne Maß dann, ohne Richter,
Küssend, trinkend singt der Dichter
Lieder, die von selbst entschweben:
Wunderschön ist doch das Leben!

Friedrich Hebbel

Sommerbild

Ich sah des Sommers letzte Rose stehn,
Sie war, als ob sie bluten könne, rot;
Da sprach ich schauernd im Vorübergehn:
So weit im Leben, ist zu nah am Tod!

Es regte sich kein Hauch am heißen Tag,
Nur leise strich ein weißer Schmetterling;
Doch ob auch kaum die Luft sein Flügelschlag
Bewegte, sie empfand es und verging.

Paul Celan

Mohn

Die Nacht mit fremden Feuern zu versehen,
die unterwerfen, was in Sternen schlug,
darf meine Sehnsucht als ein Brand bestehen,
der neunmal weht aus deinem runden Krug.

Du mußt der Pracht des heißen Mohns vertrauen,
der stolz verschwendet, was der Sommer bot,
und lebt, daß er am Bogen deiner Brauen
errät, ob deine Seele träumt im Rot.

Er fürchtet nur, wenn seine Flammen fallen,
weil ihn der Hauch der Gärten seltsam schreckt,
daß er dem Aug der süßesten von allen
sein Herz, das schwarz von Schwermut ist, entdeckt.

Hermann Hesse

Julikinder

Wir Kinder im Juli geboren
Lieben den Duft des weißen Jasmin,
Wir wandern an blühenden Gärten hin
Still und in schwere Träume verloren.

Unser Bruder ist der scharlachene Mohn,
Der brennt in flackernden roten Schauern
Im Ährenfeld und auf den heißen Mauern,
Dann treibt seine Blätter der Wind davon.

Wie eine Julinacht will unser Leben
Traumbeladen seinen Reigen vollenden,
Träumen und heißen Erntefesten ergeben,
Kränze von Ähren und rotem Mohn in den Händen.

Stefan George

Juli-Schwermut

Blumen des sommers duftet ihr noch so reich:
Ackerwinde im herben saatgeruch
Du ziehst mich nach dem dorrenden geländer
Mir ward der stolzen gärten sesam fremd.

Aus dem vergessen lockst du träume: das kind
Auf keuscher scholle rastend des ährengefilds
In ernte-gluten neben nackten schnittern
Bei blanker sichel und versiegtem krug.

Schläfrig schaukelten wespen im mittagslied
Und ihm träufelten auf die gerötete stirn
Durch schwachen schutz der halme-schatten
Des mohnes blätter: breite tropfen blut.

Nichts was mir je war raubt die vergänglichkeit.
Schmachtend wie damals lieg ich in schmachtender flur
Aus mattem munde murmelt es: wie bin ich
Der blumen müd – der schönen blumen müd!

Peter Huchel

Sommer

O Nüstern des Staubs!
Feuerschlund August,
Teiche schlürfend!

Die schartige Sense
des Winds
glüht im Rohr.

Im knisternden Schatten
brütender Garben
hockt der Sommer,
den nackten Fuß
von Stoppeln rissig.

Dich will ich rühmen,
Erde,
noch unter dem Stein,
dem Schweigen der Welt
ohne Schlaf und Dauer.

VOLKER BRAUN

Hingebung

Wie der Sommer kommt!
Die Abende sind warm und lang.
Ich bin ganz ruhig. Wir sitzen im Gesträuch
Reden uns aus uns heraus.
In seinen Gedanken plötzlich
Finde ich meine.

Die Wiesen liegen in ihrem Duft
Der strömt durch uns durch.
Die Bäume stehen in seltsamen Gruppen
Wie Liebende. Sie werden ganz dunkel.
Ich küß ihn, er küßt mich vom Fuß zur Stirn
Meinen ganzen Leib
Nehm ich nun ein.

Alle Natur
Ist mit dem gleichen beschäftigt.
Das zu denken ist schön.
Ich geb mich ihm hin
Und gehör doch mir. Nach meinem Sinn
Geht nun mein Tag.

Oskar Loerke

Gartengewitter

Nach dem Monde greift ein Spuk,
Und er flieht gekrümmt.
Schwüler, träger Quell entspringt
Rings im Laub und fließt.

Durch die Kiefernwipfel huscht
Feuermähn ins Gras.
Aus dem grünen Schrecken glühn
Säulen wilden Weins.

Und sie schnellen wie zum Dienst
In den Regendom,
Das Gewölbe kracht und birst,
Doch sie tragen wohl.

Dann webt volle Finsternis.
Nur, wo Straßen sind,
Flickt das Dunkel dort und hier
Eine goldne Naht.

Die große Fracht

Die große Fracht des Sommers ist verladen,
das Sonnenschiff im Hafen liegt bereit,
wenn hinter dir die Möwe stürzt und schreit.
Die große Fracht des Sommers ist verladen.

Das Sonnenschiff im Hafen liegt bereit,
und auf die Lippen der Galionsfiguren
tritt unverhüllt das Lächeln der Lemuren.
Das Sonnenschiff im Hafen liegt bereit.

Wenn hinter dir die Möwe stürzt und schreit,
kommt aus dem Westen der Befehl zu sinken;
doch offnen Augs wirst du im Licht ertrinken,
wenn hinter dir die Möwe stürzt und schreit.

Ich erzähle Ihnen ja damit nichts Neues. Ich bilde mir nicht ein, der Entdecker der Zinnien zu sein. Ich erzähle Ihnen bloß von meiner Verliebtheit in diese Blumen, weil sie zu den angenehmsten und bekömmlichsten Gefühlen gehört, von denen ich seit langem heimgesucht worden bin. Und zwar entzündet sich diese vielleicht etwas senile, aber keineswegs schwächliche Verliebtheit ganz besonders am Verwelken dieser Blumen! An den Zinnien, die ich in der Vase langsam erblassen und sterben sehe, erlebe ich einen Totentanz, ein halb trauriges, halb köstliches Einverstandensein mit der Vergänglichkeit, weil eben das Vergänglichste das Schönste, weil das Sterben selbst so schön, blühend, so liebenswert sein kann.

Rainer Maria Rilke

Wir sind die Treibenden.
Aber den Schritt der Zeit,
nehmt ihn als Kleinigkeit
im immer Bleibenden.

Alles das Eilende
wird schon vorüber sein;
denn das Verweilende
erst weiht uns ein.

Knaben, o werft den Mut
nicht in die Schnelligkeit,
nicht in den Flugversuch.

Alles ist ausgeruht:
Dunkel und Helligkeit,
Blume und Buch.

Statt eines Nachworts

Man sitzt in den Gärten; Sonne scheint uns durch alle Gespräche hindurch, und die Gärten werden weit wie ein jähes Erstaunen, eine blaue Geräumigkeit nistet sich ein in den Wipfeln der Bäume, und wieder lodert das Welken an den Hauswänden empor, klettert das Laub in glühender Brunst der Vergängnis. Daß Jahre vergehen und manches geschieht, wer sieht es! Alles ist eins, Räume voll Dasein. Nichts kehrt uns wieder, alles wiederholt sich. Unser Dasein steht über uns wie ein einziger Augenblick, und einmal zählt man auch die Herbste nicht mehr. Alles Gewesene lebt wie die Stille über den reifen Hängen.

Max Frisch

Bildlegenden

7: Anemone (Anemos)
9: Gartenpforte mit roten Rosen
11: Rose (Rosa)
13: Rose
15: Geranie (Pelargonium)
17: Schmuckkörbchen/Cosmea (Cosmos bipinatus)
18/19: Malve (Malopa trifida)
21: Gladiole (Gladiolus)
23: Studentenblume (Tagetes patula)
25: Blumenacker einer Kirchendienerin
27: Kapuziner (Tropaeolum)
31: Cosmea
33: Buntlaubige Geranie
35: Dahlie (Dahlia)
37: Sonnenhut (Rudbeckia fulgida)
40/41: Sonnenblumen (Helianthus)
44/45: Malve
47: Rose
49: Mohn (Papaver; hier: orientale)
51: Mohn
53: Winde (Ipomea violacea)
55: Petunie (Petunia)
57: Geranie
59: Dahlie
61: Winde
63: Zinnien (Zinnia)
64: Clematis (Clematis)

Textnachweise

S. 5: Johann Wolfgang Goethe, in: Sämtliche Werke. Briefe, Tagebücher und Gespräche, Bd. 1: *Gedichte 1756-1799*, hg. v. Karl Eibl, Frankfurt am Main 1987, S. 574.
S. 6: Gottfried Benn, *Anemone*, in: Gesammelte Werke, hg. v. Dieter Wellershoff, Bd. 3: *Gedichte*, Stuttgart: Klett-Cotta o.J., S. 139, aus: *Statische Gedichte*, © 1948, 2000 by Arche Verlag AG, Zürich–Hamburg.
S. 8: Joseph von Eichendorff, *Klang um Klang*, in: Werke, Bd. 1: *Gedichte/Versepen*, hg. v. Hartwig Schultz, Frankfurt am Main 1987, S. 412.
S. 10: Hermann Hesse, *Der Duft der Rose*, in: *Freude am Garten*, hg. v. Volker Michels, Frankfurt am Main und Leipzig 1998, S. 34.
S. 12: Rainer Maria Rilke, *Das Rosen-Innere*, in: Werke. Kommentierte Ausgabe in vier Bänden, Bd. 1: *Gedichte 1895-1910*, hg. v. Manfred Engel und Ulrich Fülleborn, Frankfurt am Main und Leipzig 1996, S. 569.
S. 14: Peter Huchel, *Der glückliche Garten*, in: *Die Gedichte*, Frankfurt am Main 1997, S. 74, © Aufbau-Verlag GmbH, Berlin 1948.
S. 16: Rainer Maria Rilke, *Sonett XIV*, in: Werke. Kommentierte Ausgabe in vier Bänden, Bd. 2: *Gedichte 1910-1926*, hg. v. Manfred Engel und Ulrich Fülleborn, Frankfurt am Main und Leipzig 1996, S. 264.
S. 20: Friedrich Hölderlin, *Der Sommer*, in: Sämtliche Werke, Bd. 1: *Gedichte*, hg. v. Jochen Schmidt, Frankfurt am Main 1992, S. 467.
S. 22: Bertolt Brecht, *Der Blumengarten*, in: Werke. Große kommentierte Berliner und Frankfurter Ausgabe, Bd. 12: *Gedichte 2*, bearbeitet v. Jan Knopf, Frankfurt am Main 1988, S. 307.
S. 24: Hans Carossa, *Gartentag*, in: *Gedichte. Die Veröffentlichungen zu Lebzeiten und Gedichte aus dem Nachlaß*, hg. u. kommentiert v. Eva Kampmann-Carossa, Frankfurt am Main und Leipzig 1995, S. 83.
S. 26: Heinrich Heine, *Ich lieb eine Blume,* in: *Sämtliche Gedichte in zeitlicher Folge,* hg. v. Klaus Briegleb, Frankfurt am Main und Leipzig 1993, S. 309 f.
S. 28: Gertrud Kolmar, *Garten im Sommer*, in: *Welten. Gedichte*, Frankfurt am Main 1999, S. 9-12.

S. 32: Oskar Loerke, *Die Laubwolke*, in: *Die Gedichte*, hg. v. Peter Suhrkamp, Frankfurt am Main 1984, S. 449.
S. 34: Georg Trakl, *Der Schatten*, in: *Gedichte*, Frankfurt am Main 1974, S. 86.
S. 36: Clemens Brentano, *Eingang*, in: *Die Zauberwaffen der Poesie. Gedichte, Erzählungen, Briefe*, hg. v. Hans Magnus Enzensberger, Frankfurt am Main 1981, S. 25.
S. 38: Conrad Ferdinand Meyer, *Morgenlied*, in: *Sämtliche Werke in zwei Bänden*. Vollständiger Text nach den Ausgaben letzter Hand. München: Winkler, 1968, Bd. 1, S. 28.
S. 39: Georg Heym, *Der Garten*, in: *Dichtungen und Schriften*. Gesamtausgabe, hg. v. Karl Ludwig Schneider, Bd. 1-2, Hamburg /München: Ellermann 1960 ff., Band 1, S. 488.
S. 42: Friedrich Hölderlin, *Der Sommer*, in: Sämtliche Werke, Bd. 1: *Gedichte*, hg. v. Jochen Schmidt, Frankfurt am Main 1992, S. 470.
S. 43: Joseph von Eichendorff, *Aussicht*, in: Werke, Bd. 1: *Gedichte / Versepen*, hg. v. Hartwig Schultz, Frankfurt am Main 1987, S. 364.
S. 46: Friedrich Hebbel, *Sommerbild*, in: Sämtliche Werke. Historisch-kritische Ausgabe. Besorgt von Richard Maria Werner. 1. Abteilung: *Werke*, Berlin: B. Behr's Verlag [1911 ff.].
S. 48: Paul Celan, *Mohn*, in: Gesammelte Werke in fünf Bänden, Bd. 3: *Gedichte III. Prosa. Reden*, Frankfurt am Main 1999, S. 17.
S. 50: Hermann Hesse, *Julikinder*, in: *Die Gedichte*, hg. v. Volker Michels, Frankfurt am Main 1992, S. 274.
S. 52: Stefan George, *Juli-Schwermut*, in: Sämtliche Werke in 18 Bänden. Hrsg. v. der Stefan George-Stiftung, Stuttgart Bd. 5: *Der Teppich des Lebens und die Lieder von Traum und Tod mit einem Vorspiel*. Bearb. v. Ute Oelmann. Klett-Cotta, Stuttgart 1984.
S. 54: Peter Huchel, *Sommer*; in: *Die Gedichte*, Frankfurt am Main 1997, S. 64, © Aufbau-Verlag GmbH, Berlin 1948.
S. 56: Volker Braun, *Hingebung*, in: *Gegen die symmetrische Welt. Gedichte*, Frankfurt am Main 1974, S. 14.
S. 58: Oskar Loerke, *Gartengewitter*, in: *Die Gedichte*, hg. v. Peter Suhrkamp, Frankfurt am Main 1984, S. 448.
S. 60: Ingeborg Bachmann, *Die große Fracht*, aus: *Sämtliche Gedichte*, München/Zürich: Piper 1999, S. 44, in: Werke Bd. 1. © Piper Verlag GmbH, München 1978.

S. 62: Hermann Hesse, *Zinnien*, in: *Die Kunst des Müßiggangs. Kurze Prosa aus dem Nachlaß*, hg. v. Volker Michels, Frankfurt am Main 1973, S. 77.
S. 65: Rainer Maria Rilke, *Sonett XXII*, in: Werke. Kommentierte Ausgabe in vier Bänden, Bd. 2: *Gedichte 1910-1926*, hg. v. Manfred Engel und Ulrich Fülleborn, Frankfurt am Main und Leipzig 1996, S. 251.
S. 67: Max Frisch, *Stichworte*, hg. v. Uwe Johnson, Frankfurt am Main: Suhrkamp 1975, S. 18.
Titel: Georg Trakl, *Gesang des Abgeschiedenen*, aus: *Sebastian im Traum*, Frankfurt am Main 1989, S. 175.